Pingue Pongue
EDUCAÇÃO

CATEGORIA DE LEITURA
♥ ♥ ♥ ♡ ♡
Leitura em movimento

Recomendado para leitores em desenvolvimento. Com narrativa curta e envolvente, este livro mantém um ritmo dinâmico e de fácil compreensão. As frases começam a ganhar complexidade, mas o vocabulário segue acessível. A estrutura da história é simples, permitindo uma leitura fluida e um entendimento progressivo do enredo.

Texto © **Iara Luisa Mastine**, 2022
Ilustrações © **Laís Bicudo**, 2022
Edição © **Pingue Pongue Edições e Brinquedos Pedagógicos LTDA**, 2022

Direção executiva **Aldrey Queiroz**
Direção editorial **Juliana Farias**
Assistência editorial **Dayana Oliveira Ferreira**
Projeto gráfico **Eduardo Reyes**
Revisão **Isabel Fernandes**

Dados Internacionais de Catalogação na Publicação (CIP)
(Câmara Brasileira do Livro, SP, Brasil)

M423c	Mastine, Iara
	Cidade cérebro / Iara Luisa Mastine; ilustrado por Laís Bicudo. - Jandira, SP : Pingue Pongue, 2022.
	32 p. : il.; 24cm x 26,00cm.
	ISBN: 978-65-84504-14-1
	1.Literatura infantil. 2. Tato. 3. Sentidos. 4. Mente. 5. I. Bicudo, Laís.II.Título.
2022-0512	CDD-028.5 CDU-82-93

Elaborado por Lucio Feitosa - CRB-8/8803

Índices para catálogo sistemático:
1. Literatura infantil 028.5
2. Literatura infantil 82-93

Este livro atende às normas do Novo Acordo Ortográfico, em vigor desde janeiro de 2009.

[1ª edição, 2022] Todos os direitos reservados.

Pingue Pongue Edições e Brinquedos Pedagógicos LTDA.
Avenida Sagitário, 138, 108A, Sítio Tamboré Alphaville.
Barueri - SP, CEP 06473-073
contato@pinguepongueeducacao.com.br
www.pinguepongueeducacao.com.br

DEDICO ESTE LIVRO AOS MEUS PAIS, REGINA E ALDEMAR, QUE ME PROPORCIONARAM CONFIANÇA E MUITO AMOR PARA DESENVOLVER MINHA CIDADE CÉREBRO. TAMBÉM AO MEU IRMÃO CESAR, QUE VEIO PARA INTENSIFICAR MINHAS VIVÊNCIAS INFANTIS.

DEDICO À MINHA FILHA ANNA JÚLIA, QUE ME PROPORCIONOU O RECRIAR DO BRINCAR SEMPRE, ASSIM COMO AO GUTO, QUE ME APOIA NA JORNADA DE DIVIDIR ESSAS EXPERIÊNCIAS E ESSA APRENDIZAGEM COM AS FAMÍLIAS QUE ACOMPANHAM MEU TRABALHO.

TALVEZ VOCÊ NÃO SAIBA, MAS TODOS OS SERES HUMANOS POSSUEM UMA CIDADE CÉREBRO DENTRO DE SI.

UMA CIDADE COM RUAS ASFALTADAS, CHEIA DE CAMINHOS POR ONDE SEGUIR.

ALGUMAS PESSOAS POSSUEM CIDADES ENCANTADAS. VIVEM CHEIAS DE SONHOS E DESEJOS, COM A MENTE DESLUMBRADA. E POR ISSO CRIAM LINDAS CIDADES, COM TUDO O QUE A SUA IMAGINAÇÃO PERMITIR, E NÃO IMPORTA QUE IDADE TÊM.

JÁ OS PREGUIÇOSOS POSSUEM CIDADES MENORES, COM GRANDES TERRENOS NÃO OCUPADOS QUE PODEM, CASO ELES QUEIRAM, FAZER PARTE DE UM PLANO ESTRUTURADO.

MAS POR QUE AS CIDADES SÃO TÃO DIFERENTES?

ANNA ERA EDUCADA, AMIZADES NÃO LHE FALTAVAM. AGIA COM EMPATIA E PRESTAVA ATENÇÃO NOS DETALHES QUE O OUTRO SENTIA. USAVA SEMPRE AS PALAVRAS MÁGICAS: POR FAVOR, COM LICENÇA, DESCULPE E OBRIGADA. POR ISSO SUA CIDADE ERA CALMA E SOSSEGADA, COM LARGAS AVENIDAS, PARQUINHOS E MUITOS CAMINHOS.

OBRIGADA!

HAVIA MUITOS SEMÁFOROS PARA PARAR, PRESTAR ATENÇÃO E AGIR. COM TEMPO PARA PENSAR, ANNA SABIA MUITO BEM COMO FAZER BOAS ESCOLHAS E TOMAR DECISÕES.

DUDU VIVIA SORRINDO. OBSERVAVA AS AVES, SOLTAVA PIPA, ESTAVA SEMPRE SE DIVERTINDO. CHEIRAVA AS FLORES, DAVA CAMBALHOTAS E ADORAVA AJUDAR A MAMÃE. SUA CIDADE ERA REPLETA DE RUAS ARBORIZADAS E SEMPRE TINHA SAÍDAS POR ONDE IR. QUANDO SE VIA EM CONFUSÃO, NÃO TINHA PROBLEMA, NÃO. ERA SÓ VIRAR A ESQUINA, QUE SEU CAMINHO CONTINUAVA A FLUIR.

MARIA ADORAVA PINTAR, MAS ELA NÃO SÓ PINTAVA, COMO TAMBÉM OBSERVAVA. PRESTAVA ATENÇÃO EM TUDO: NOS CHEIROS, NOS SONS, NAS CORES E ATÉ NO GOSTO DAS SALADAS. SUA CIDADE ERA UMA PRECIOSIDADE, COM CASAS COLORIDAS E MUITA DIVERSIDADE.

CLARA GOSTAVA DO CELULAR. FAZIA VÁRIAS COISAS, MAS SEMPRE NO MESMO LUGAR. OUVIA MÚSICA, DESENHAVA, JOGAVA, MAS SEMPRE NO TELEFONE. POR ISSO SUA CIDADE SÓ TINHA CONE. AS SAÍDAS ESTAVAM SEMPRE BLOQUEADAS, POIS SUAS RUAS NÃO HAVIAM SIDO TERMINADAS. ERA UMA CIDADE COM POUCAS SAÍDAS, E, QUANDO O DESAFIO APARECIA, PARA O QUARTO ELA CORRIA.

DICA PARA PAIS, PROFESSORES E PROFISSIONAIS

O cérebro aprende por meio de estímulos e experiências. A criança precisa tocar, cheirar, ver, ouvir e degustar para construir seus conceitos e, assim, conhecer o mundo.

O "Cidade cérebro" foi escrito para proporcionar o entendimento desse conceito pelas crianças. Quando elas compreendem que precisam utilizar os seus cinco sentidos para se desenvolverem melhor, o engajamento nas atividades que promovem a diversidade das ações será sempre mais eficaz.

A integração sensorial é um processo neurobiológico que promove a capacidade de processar, organizar e interpretar sensações que contribuem para regulação emocional, aprendizagem, comportamentos e adaptação para rotina diária. É a organização das sensações para o uso no cotidiano.

O nosso cérebro nos dá constantemente informações sobre as condições do nosso corpo e sobre o ambiente à nossa volta. Quando essas informações estão bem organizadas, somos capazes de usá-las para nossa percepção, nossos comportamento e aprendizado. Quando as informações estão desorganizadas, temos dificuldade de sentir e organizar nossas sensações. Esse conceito foi desenvolvido por Anna Jean Ayres, que descreve a integração sensorial como "o processo neurológico que organiza as sensações do próprio corpo e do ambiente fazendo com que seja possível o uso do corpo efetivamente no ambiente" (Ayres, 1989).

É por meio das experiências e da interação com o mundo que as crianças desenvolvem a integração sensorial. As habilidades e sensações são desenvolvidas a partir do brincar, as quais vão ajudar futuramente no desenvolvimento de habilidades mais complexas e no sucesso de diversos desafios da sua vida.

Como pais, professores e profissionais que acompanham o desenvolvimento infantil, devemos nos atentar para a diversidade de ações experienciadas pelas crianças.

Se deseja proporcionar um adequado desenvolvimento infantil, incentive e explore os cinco sentidos.

COMO UTILIZAR ESTE LIVRO

Antes de ler a história para a criança, mostre a capa do livro e pergunte se elas conseguem adivinhar o tema do livro. Essa atitude pode estimular a curiosidade e proporcionar mais engajamento e atenção para a leitura.

Após a leitura, questione quais são os cinco sentidos e como a criança normalmente utiliza em seu dia a dia. Explore essas atividades perguntando se podemos utilizar mais de um sentido enquanto desenvolvemos as ações.

Questione como seria a cidade cérebro de cada uma. Aproveite esse momento para pensar em sua própria cidade cérebro também. Utilizar os cinco sentidos no cotidiano proporciona benefícios aos adultos também!

Explore o QR Code abaixo e imprima um exercício especial que deixamos para vocês.

Com amor,
Iara Mastine

IARA LUISA MASTINE é psicóloga, neuropsicóloga, especialista e *trainer* em *mindfulness* infantil. Reside em São Paulo, onde atua como psicoterapeuta infantojuvenil e na orientação de pais. É palestrante e facilitadora de treinamentos referentes à parentalidade e ao desenvolvimento infantil. A literatura infantil está sempre presente em seu dia a dia, assim como o ato de construir e adaptar histórias que proporcionam a reflexão e a construção de novos conceitos. Trabalhar com crianças e brincar com a imaginação e a criatividade foi a forma que encontrou para colocar em prática seu encanto por esse público tão especial.

Instagram: @iaramastine
iaramastine.com.br

LAÍS BICUDO é formada em Artes Visuais e ilustradora freelancer de livros infantis. Trabalha para o mercado editorial e de entretenimento e atua também como colorista de quadrinhos independentes.

Além de participar de exposições de arte, também faz parte da organização do ELAS, um evento cultural público, que visa a exaltação da produção cultural, social e científica das mulheres.

Instagram: @laisbicudo
Instagram ELAS: @elas.campinas
laisbicudo.myportfolio.com

Obrigada pela visita

Este livro foi imaginado na fonte DK Lemon Yellow Sun e impresso no outono de 2025.